L'anomalie

Anaïs Humbert

L'anomalie

Prologue

Il y a des actions qui relèvent de la poésie et qui sont bien trop souvent ignorées. La banalisation de la violence est le vice de cette époque bien triste.

L'anomalie recentre sur les éléments qui devraient être bien plus importants que ce qui nous prend la tête habituellement. Certains instants constituent en soit des preuves de sincérité que nous ne sommes plus capables de détecter. Ces proses sont une description de la beauté la plus primaire que l'on peut tirer de ces instants qui n'ont, à priori, pas pour fonction d'être beaux.

Ce livre est l'illustration même de la pluralité explicative. Chaque page correspond à une personne, une conversation ou un évènement particulier, pourtant, je me suis intéressée aux interprétations des lecteurs qui sont d'une variété fascinante.

Nos phrases sont simples.
C'est leur signification non concrète
qui complique leur compréhension.

Actuellement tu tiens entre tes mains le fœtus auquel j'ai donné naissance clandestinement pendant ma cavale sentimentale.

J'appelle « cavale sentimentale » ce moment de ma vie ou on l'on m'a volé l'amour, me poussant à chercher la beauté dans tout ce que je vois et tout ce que j'entends parce que, sans beauté et sans amour, je ne pense pas que j'y serais arrivée.

L'amour, au sens de notre époque, n'est pas le sujet de ce livre. L'amour dont je parle est celui de la passion inexplicable, des relations qui ne correspondent qu'à ceux qui sont impliqués et dont le règlement ne dépend pas de ce qui est socialement acceptable. L'amour dont je parle est celui qui entraîne un investissement inné et qui ne se pose pas de questions telles que « Est-ce que c'est raisonnable ? ».

Les racines

Le plus con c'est cette
sensation réciproque
qu'on ne s'avouera jamais.

La sensation d'une anomalie
dans le programme. Comme
si nous savions lui, autant
que moi, que ça ne devait pas
se finir comme ça.

-À tous mes amours

J'ai l'impression qu'on écrit
une histoire mais qu'au
lieu de simplement aller à
la ligne lorsque celle-ci se
termine,
l'écrivain en saute une.

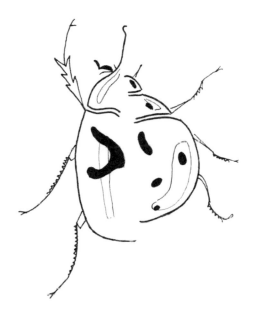

Comme la « Physique-Chimie »
qu'on nous apprend
en une seule et même matière.
Puis, au fur et à mesure des années,
on se rend compte que les deux
n'ont rien à voir.

Toi et moi
c'est entre l'attente inutile
et l'espoir naïf, sans issue
à première vue
mais étrangement aucun
de nous ne déclare forfait.

Pourquoi ?

Parce que les bestioles ne
piquent que quand elles se
sentent en danger, je suis
sereine vis-à-vis des gens
qui parlent
et parlent encore.

J'admire très respectueusement
la façon avec laquelle
tu m'as tout volé.

-Mon bourreau

La peur des conséquences
fut ton arme pour me violer.

-*J'aurai ta peau*

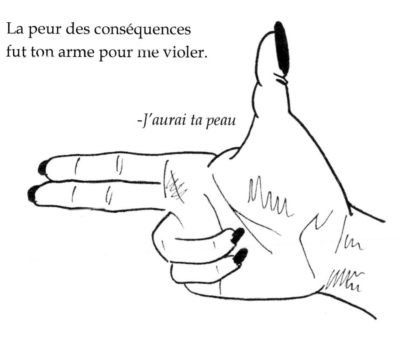

Ce n'était pas romantique,
pas non plus facile,
pourtant je tenais
à ce que cette relation
ne change pas.

-Je t'avais dans la peau

Ce soir-là tu aurais pu avoir
peur de ce dans quoi tu
t'engageais. Au lieu de ça
tu avais peur pour moi alors
tu es resté pour t'assurer
que ça se passerait bien.

-Vous avez vu toute la scène

Il y a un ravin entre
être amoureux et être dépendant,
pourtant on arrive rarement
à faire la différence.

Ces fins de soirées
passées sous les étoiles
où on se fiche
du temps qui passe.

Avec toi, je fais les mêmes choses
qu'avec les autres hommes.
Ce qui rend notre situation différente
c'est qu'avec toi je prends du plaisir.

-Je trouverai la force de lui dire

On se ressemble
beaucoup plus que ce que
tu aimerais croire.
Ce qui nous différencie
c'est que moi, ça me réussit.

-Insolente

Aucun de nous
n'a attendu l'autre.
Pourtant nos retrouvailles
se déroulent toujours
comme si nous avions
attendu ce moment
toute l'année.

Je veux passer
notre bout de temps
pendue à tes lèvres.

Il a sauté sur l'occasion d'un
clignement d'yeux et il l'a
fait, même si je lui avait
interdit.

Puérile et impulsive,
ce fut la plus belle preuve que l'on
ne m'ait jamais donné.

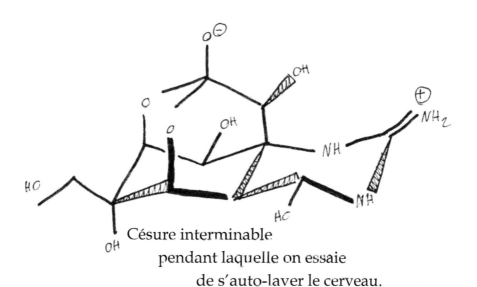

Césure interminable
pendant laquelle on essaie
de s'auto-laver le cerveau.

Elle n'avait jamais vu
pareille épave humaine.

Tu abuses comment
tu me regardes,
essaies-tu de m'hypnotiser ?

« L'euphorie » me dit-il.

« Je pense que tu devrais
laisser plus souvent
l'euphorie t'envahir »
aurais-je dû répondre.

Avec son dernier regard
elle jette une malédiction
à quiconque la quitte.

-Tu en rêves

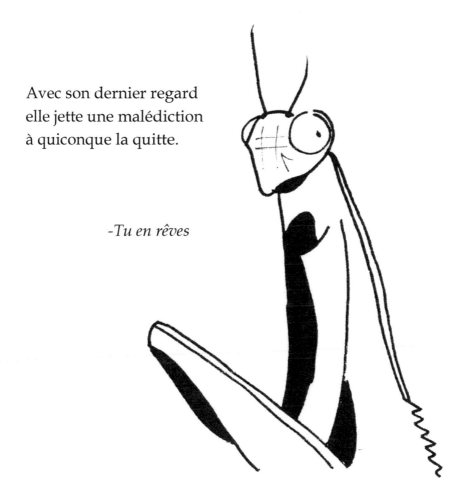

Ce ne sera donc jamais
comme on s'était dit ?

-Mélancolie

Les douches froides
de nos étés pourtant
suffisamment arrosés.

-Tous saouls

Après ça, tout est devenu flou
Le soir-même, ma jauge de rage
était pleine et tout autour de moi
est devenu incroyablement amer.

Les tiges

Présence abyssale des
traces de son passage qui
méritent pourtant
son mémorial.

Regarde-moi dans les yeux
la prochaine fois que tu
voudras me faire croire que
tu es sincère.

Une douleur profonde qui
déterminera un changement
de comportement que
personne ne comprendra.

-Conséquences

Qui introduit une
imperfection
dans le système.

.

Je pense à cet endroit où,
quoi qu'il se passe
entre-temps,
la magie opère de nouveau.

-*Nostalgie*

Ce que je ressens
est tellement grand
que j'en ai le vertige.

-Sentiment incontrôlable

C'est parce que
ce n'est pas normal
que je dors aussi mal.

Je lève mon verre à tous
ces regards qu'on a croisés
et qu'on a fait semblant de
ne pas comprendre.

Peut-être que cette
question que je t'ai
posée, tu ne voulais
pas l'entendre, peut-être
que personne ne t'y a
confronté avant moi.

Il porte autant que moi
le poids de mes névroses.
Si ce n'est pas plus.

La nuit, dans ces lieux où la
lumière se moque de nous,
je deviens une femme que
j'aime tout particulièrement
car elle se fiche de tout.

-Intrépide

Et surtout s'ils ne sont
pas d'accord
je t'embasserai
encore.

-Je les hais

Nous on a décidé que ce
monde, on en ferait ce
qu'on voulait.

Tu ne t'attendais sûrement
pas à ce que je doute de
toi encore plus que de moi.
Tu ne savais pas comment
accueillir cette contrainte.

-Petite rétrospective

Cette ville n'est pas assez
grande pour nous deux.

-J'ai encore croisé ta gueule

Dans ma tête c'est l'enfer
alors pour ton bien
tu devrais éviter d'envahir
mes pensées.

Je cherchais ses limites
sans cesse pour le voir
imploser sous le poids de
mes provocations.

-Il avait une patience redoutable

Je veux tes mains mais
je me contenterai de
ton cœur si c'est ce que
tu veux.

La salle est si bruyante,
pourtant dans ma tête
c'est si calme.

Elle avait le regard
rempli de nicotine.
On en voulait toujours plus.

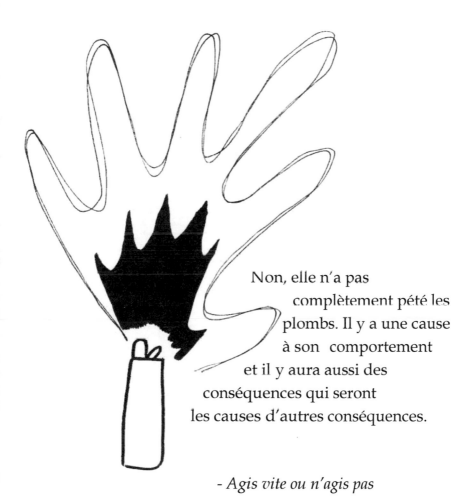

Non, elle n'a pas
complètement pété les
plombs. Il y a une cause
à son comportement
et il y aura aussi des
conséquences qui seront
les causes d'autres conséquences.

- Agis vite ou n'agis pas

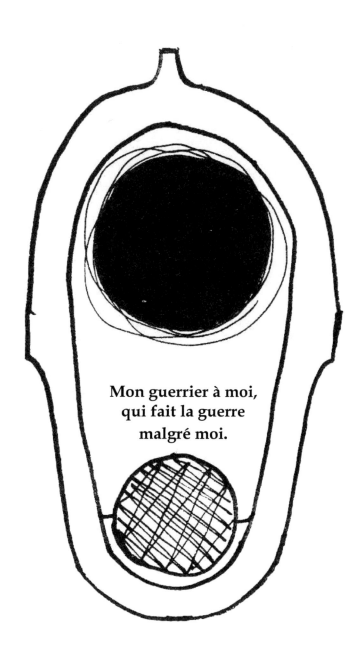

Mon guerrier à moi,
qui fait la guerre
malgré moi.

Le genre de personne
que les tests de société
n'arrivent qu'à détester.

Jouer à un jeu composé
de règles antagonistes
ne peut pas nous mener
à l'harmonie.

-Mais la veux-tu vraiment ?

Monter sur l'estrade, fermer
les yeux, danser, les rouvrir
quelques secondes plus tard
et réaliser à quel point il est
facile de lâcher prise.

Si je dois comprendre
quelque chose,
ne me laisse pas imaginer
ce que je veux.

-Concrètement ?

Un jour tu seras concret
dans tes paroles et là tu
pourras me reprocher de ne
pas comprendre ou d'être à
côté de la plaque.

Je ne suis pas sûre de
vouloir exorciser mes
nouveaux démons alors
j'apprends à les connaître.

L'allégorie du rictus
que vous faites quand vous avez
gagné un débat.

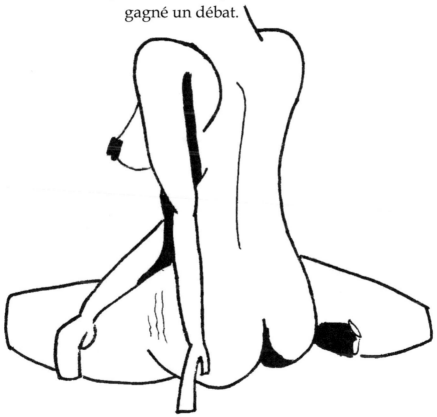

J'entends Aphrodite et Hera
rire de nous d'ici.

Spirale infernale qui pompe
notre énergie vitale.

Tu réussis
pour être une hérésie
auprès de tous ceux
qui t'ont abandonné.

-Douce vengeance

Errer de bar en bar
et s'arrêter dans celui
qui fera le plus vibrer ta
poitrine.

J'ai
accepté la danse que
le diable m'a proposée
et
le temps d'un slow
j'en suis
tombée amoureuse.

Je joue, je trouve amusant
de ne respecter aucune
règle et d'arriver à
gagner la partie.

-Une vanessa

Montre-moi la limite
s'il te plaît.
J'aimerais aller au-delà.

Regarde comme ton corps
à été fait sur mesure
pour le mien.

Je fais la connaissance de
monstres plus subtils que
certaines merveilles.

Trêve de subtilité,
tes hanches qui se
balancent me possèdent
comme un démon
irrésistible.

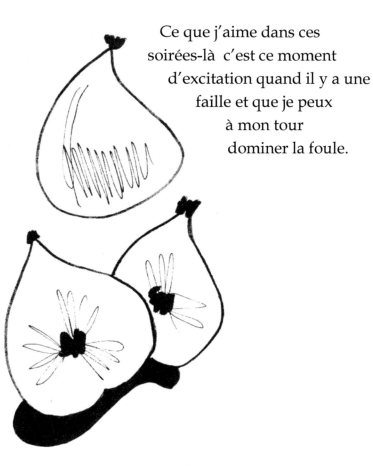

Ce que j'aime dans ces
soirées-là c'est ce moment
d'excitation quand il y a une
faille et que je peux
à mon tour
dominer la foule.

Même vêtu
je te déguste tout cru.

Je suis coincée entre l'idée
que nous ne sommes pas
encore prêts et celle que
c'est trop tard.

Elle avait clairement un
truc. L'effet du THC sur
leurs cerveaux drogués.

-*Créature du crépuscule*

Si tu me coupes les ailes
j'irai chercher un balai
pour continuer de voler.

Remercie Dieu de t'avoir fait ainsi,
grâce à lui tu peux pécher.

Elle t'a eu mon pote,
cette femme-là c'est une
magicienne pour ça.

Pourquoi j'aime autant
détourner ses phrases ?

-Une vanessa

Un jour, peut-être
qu'on se verra,
mais pour l'instant
je ne préfère pas.

Les bourgeons

À chaque fois que j'y repense
j'ai envie de tout foutre en l'air.

Laisse faire le temps,
il pourrait vous donner
une chance de vous retrouver.

Sur une épaule
un ange
qui n'a plus rien à dire
et sur l'autre
un démon
qui parle trop.

Et puis à quoi bon ?
De toute façon
y en a aucun en adéquation.
Et puis c'est toujours
la même conclusion.

Pluralité explicative
mais continuez de vous fatiguer
avec vos propositions naïves.

Objectivité réside dans
le protocole d'exécution.

Tous les artistes ont des névroses.
Mais tu peux être névrosé
et ne rien avoir d'artistique.

Même si je ne comprends pas pourquoi,
je trouve gratifiant que ma personne vous dérange autant,
parce que ça prouve bien que je suis différente.

Je décide que vous m'avez
suffisamment cassé les
couilles pour aujourd'hui.

-À bout de nerfs

Parce que vous pensez
que tout doit être
comme vous l'avez prévu,
vous vivez le désaccord
comme une trahison.

Ce monde
va me rendre folle.

- Anarchie

Si tu as envie d'aller à contresens,
utilise la voie prévue à cet effet.

Des idées dans ma tête
comme la nicotine
dans vos veines.

Elle monte sur le toit du monde pour être sûre de ne pas survivre à sa chute.

Garde les yeux gand fermés
si tu veux survivre.

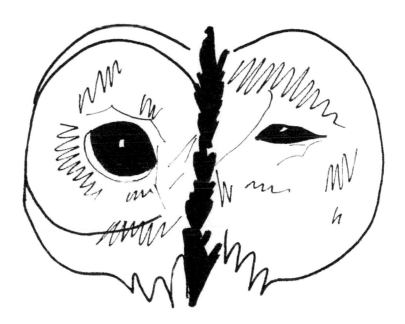

Donc sous prétexte que je suis faite comme ça
je ne peux pas faire tout ce que font les autres ?

Qui est celui qui a instauré un physique légal ?

C'est parce que
je ne manque de rien
que je n'ai pas
besoin de toi.

Putain,
je n'ai même pas
travaillé assez dur
pour
échouer.

Il faudrait pas que tu croies
que je veux tes yeux
alors qu'en réalité
je veux ta peau.

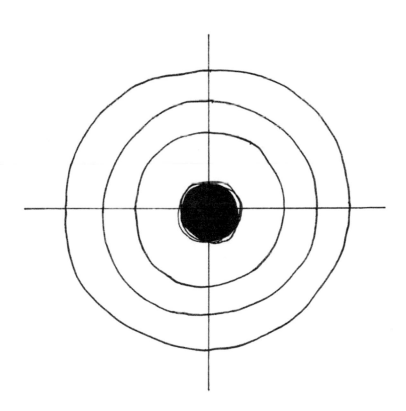

Je subis régulièrement
La vision que les gens ont de mon corps.
Je suis la seule à en subir les contraintes
et pourtant vous trouvez quand même
le moyen de donner votre avis.

Je devrais changer
pour te plaire ?
Tu penses que
j'ai besoin de te plaire ?

Qui a la prétention de croire
qu'il a gagné a en réalité
déclaré forfait.

Je porte les stigmates
de vos conneries
pour toujours.

Être imparfaite,
c'est ma façon d'envoyer chier
les idéaux d'aujourd'hui.

Si je dois être un défi,
je veux être celui
dont la victoire a du mérite.

Avant j'avais de l'inspiration,
mais là, ça va mieux.

Les fleurs

Incompréhension
pour muse.

On dirait bien que finalement
je n'ai retenu aucune leçon.

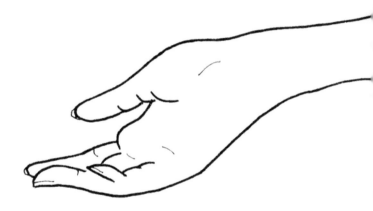

Un code s'est instauré de façon
à ce qu'on sache si une décision
était définitive ou pas.

C'est pourquoi je le savais.

-Sans réponse

Patience n'a aucune limite
si elle a un sens.

-Merci Lieutenant Onoda

Non pas que je ne veuille pas
que ça dérape...

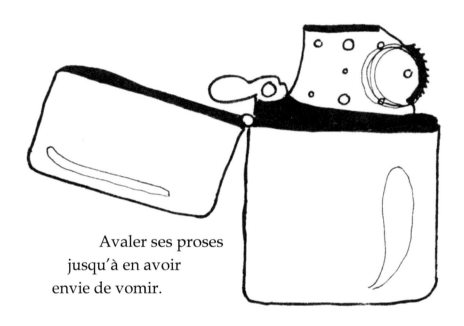

Avaler ses proses
jusqu'à en avoir
envie de vomir.

Je me doutais que ce n'était
qu'une question de temps.
L'attente aura juste été
insoutenable.

- Des mois de réflexions

C'est quand rien n'est prévu
que tout est possible.
Alors j'aime l'impro,
je l'aime presque autant
que la routine.

C'était tellement naturel chez lui
qu'il ne voyait aucune beauté
dans ses actions.

C'était la première fois
qu'une excuse me touchait vraiment.
Je ne voulus pas en savoir plus.

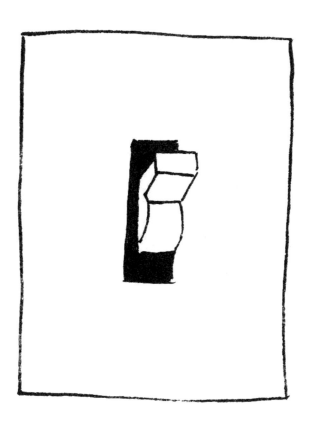

Embrasse-moi
ou apprends-moi
à vivre sans toi.

Ces idées dans ma tête
devraient essayer de se glisser
entre tes lèvres
ou encore ailleurs.

Tu es le genre de livre
qu'on abandonne avant la fin,
non pas parce qu'il est trop ennuyeux,
mais plutôt parce qu'on l'aime tellement
qu'on ne veut pas prendre le risque
de le voir mal se terminer.

-Histoire estivale

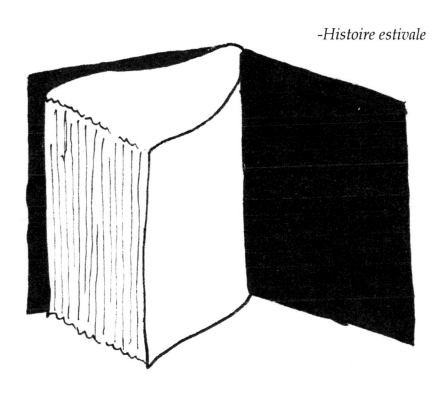

« Pourquoi il faut toujours
que ce soit compliqué avec toi ? »
aura entraîné la plus grosse
remise en question de toute ma vie.

Coincée entre
perdre du temps
et perdre quelque chose.

-Si jeunes

Tu dois être le diable
parce que depuis
que tu envahis mes pensées,
dans ma tête c'est l'enfer.

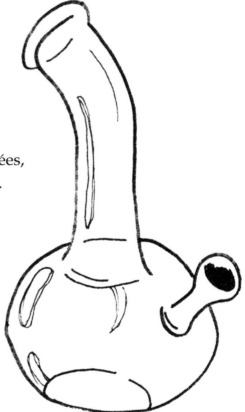

On ne pouvait pas savoir
si c'était son cœur ou le mien
qui battait comme ça.

Au fur et à mesure
Que la nuit tombait
il ouvrait les volets.

Il ne voulait pas louper
le moindre cm2 de ma peau
à son rythme.

Je ne sais pas qui sera le combustible
et qui sera le comburant
mais je suis certaine qu'à nous deux
on va déclencher des incendies.

Avec du recul

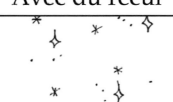

Moi, je ne m'en fiche pas.

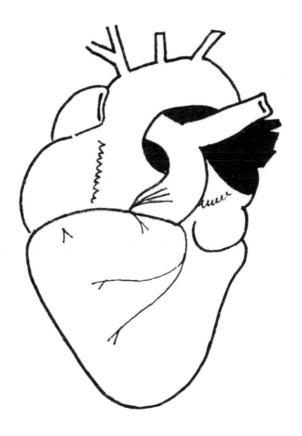

Je n'arriverai jamais à me réjouir
du bonheur que vous n'aurez jamais.

Je me réconforte avec l'idée
que toutes les personnes que l'on rencontre
et tout le mal ou le bien qu'elles ont fait
m'a permis d'accomplir tout ce que j'ai accompli
et d'accomplir ce que je vais accomplir.

-Mission de vie

Je suis née avec la rage au ventre,
une haine chronique qui,
ironiquement,
me pousse à chercher la douceur
partout où je vais.

J'ai voulu être
la première neige de leur hiver
mais je suis un ouragan
et personne ne changera ça.

-Titanesque

J'ai toujours besoin
de comprendre pourquoi,
c'est pathologique chez moi.

L'erreur que j'ai faite
c'est que pour enlever
ce goût amer de ma bouche
je suis allée chercher
toutes les sucreries
que je pouvais.

La solution à un problème
ne fait qu'en crier un autre.

Je ne pense pas perdre un jour
ce goût pour la nuit
et la provocation.

L'amour,
il est tout ce que
tu le laisses être.

Mes défauts d'hier sont mes particularités d'aujourd'hui. Inutile de vous dire à quel point je les aime.

J'étais un exemple,
pas celui à suivre,
je l'admets.
Mais un exemple
tout de même.

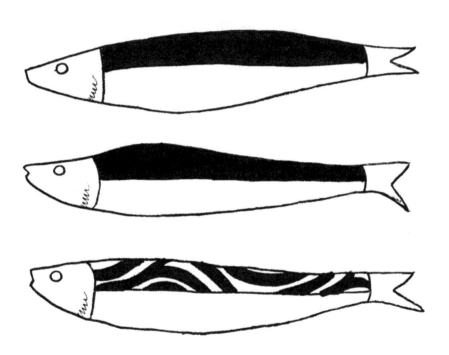

Les fous aiment faire croire à leur victime
que c'est elle qui est folle.
Ça rend leur témoignage moins crédible
si jamais elle se rend compte de la magouille.

Ce n'est pas la vie que j'ai choisie
mais j'avoue qu'elle est belle,
aussi belle qu'elle est difficile.

Le « moi » et le « je »
sont deux personnes
strictement différentes.
Cela prend tout son sens
dans la phrase :

« je voudrais savoir
 ce qu'ils pensent de moi ».

-Prends conscience

Une leçon doit toujours être
une réponse à une question.

Créativité
comme
cours de récré.

Pourquoi j'ai si peur
de ne pas être normale ?
Je n'ai même pas envie
d'être normale.

Celui qui est honnête
avec lui-même
n'a pas besoin
de changer.

Ils doivent être aussi présents
que l'importance de l'impact
de leur avis sur toi.

- Tu vaux tellement plus

On se dépêche toujours
Pour gagner du temps
et quand on en a,
on ne sait même pas
quoi en faire.

Je parle de moi, non pas
par narcissisme,
mais parce que c'est bien le seul sujet
sur lequel vous ne pouvez pas
me contredire.

Tu n'as pas l'impression
que ceux qui t'insultent
sont aussi ceux qui ne savent pas
comment te toucher ?

-Le point Godwin

Qui es-tu
sans tes conditionnements ?

Le vie te baise.
Hélas, pas le genre de baise
qui fait jouir.

C'est comme si tous les choix
qui se sont avérés inutiles auparavant
prenaient maintenant un sens.

Il y a des mots qui,
à eux seuls,
sont des scandales.

Si cette vie était fictive
je ne me serais jamais
infligé ces choix-là.

Merci

Mes parents m'ont donné
le plus bel héritage
qu'on puisse espérer
venant de ses géniteurs.

Maman me donna
sa force et ses croyances.
Papa me donna
sa sensibilité et sa lucidité.

Il faut être profondément bienveillant
pour donner ce dont on aurait eu besoin
et que l'on n'a jamais reçu.

Maman me disait :
« Ce sont les plus petits scorpions
qui sont les plus venimeux,
les gros font déjà suffisamment peur. »

Ce pour quoi vous vivez,
vous êtes payés,
vous vous levez le matin,
vous passez vos journées,
n'a absolument aucun résultat sur moi.
Alors vous ne me supportez pas.

-Cette bonne guerre

Ces gamins m'ont offert
Une raison de me lever chaque matin
alors que je sombrais.

Je m'évade par les arts
et je tente de voir l'art partout
sans doute pour m'évader
avec n'importe quoi.

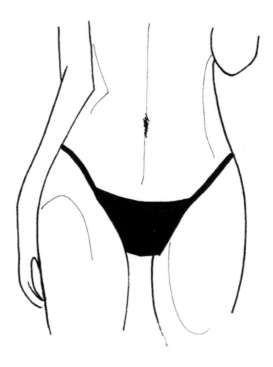

Cette ville est décidément minuscule,
je l'aime de tout mon cœur
mais je commence à étouffer.

La musique,
mon unique nutriment.

SOMMAIRE